Orchidee und Pflaumenblüte

Carla Steenberg
Hu Hsiang-fan

Orchidee und Pflaumenblüte

Chinesische Miniaturen

Theseus Verlag

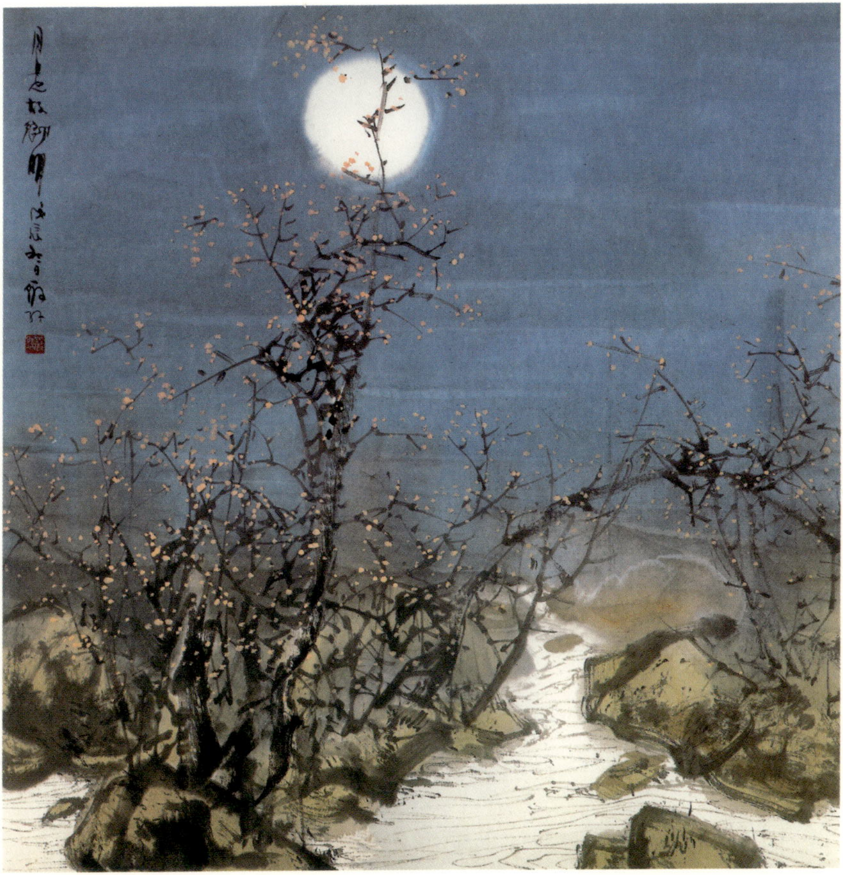

Orchidee

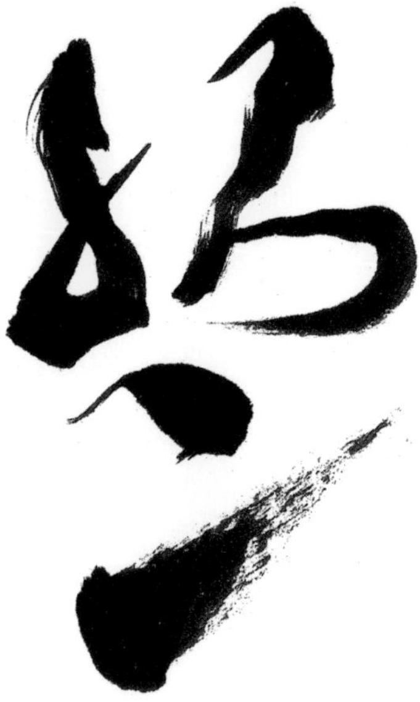

Die Orchidee als Sinnbild

Die Orchidee ist Symbol für den Frühling; Sinnbild auch für Liebe, Schönheit und Fruchtbarkeit. Sie offenbart uns in zarter Reinheit ihren erlesenen Duft und ihre Anmut. Schon Konfuzius rühmte ihre vornehme Natur. So ist sie seit zweieinhalbtausend Jahren in Poesie und Philosophie Sinnbild des Edlen.

Je erlesener ihr Wohlgeruch ist, umso mehr Adel birgt ihre Blüte. Die einen enthüllen ihren duftenden Liebreiz, andere Genügsamkeit im Schatten des Dschungels, als wollten sie ihr kurzes Leben in stiller Einsamkeit verträumen.

Jede der »Vier Edlen« erinnert an ihre Jahreszeit: die edle Pflaumenblüte an Schnee in der Winterzeit, an Neujahrsfreuden, und sie ist als Symbol für Bescheidenheit Vorbild für jedermann – im Blütenreigen der Jahreszeiten nennen wir sie die »Erste Dame«.

Die Orchidee ist der Inbegriff verzaubernder Einsamkeit in schattenreichen und tiefen Tälern. Von ihr sagt man, sie habe die Tugend, in der Einsamkeit ihre eigene Schönheit zu genießen, sie sei beschaulich und genügsam und verzichte auf »die Welt«, die sie bewundert und rühmt.

Darum sagt man von einem schönen und zurückhaltenden jungen

Mädchen und auch von einem Gelehrten, der Macht, Ruhm und öffentliche Ehrung verachtet und sich als Einsiedler ins tiefe Gebirge zurückzieht, sie lebten »wie eine einsame Orchidee im stillen Tal«. So wurde die Orchidee Symbol des Vornehmen, des Edlen, der sich nicht herablässt, der Öffentlichkeit schön zu tun. Ihr adliges Wesen bedingt, dass man ihre Züchtung nie den Händen plumper Diener überlässt, und zu allen Zeiten gab es Menschen, die für ihre Orchideen nicht weniger pietätvoll sorgten als für ihre Eltern.

Gold-Orchidee

Der Edle wandelt auf gewundenen Pfaden.
Freie Rede und bedachtes Schweigen,
in stetigem Wechsel und Wandel.

Hegen zwei Menschen gleiche Gedanken,
erklingen ihre Herzen in Harmonie,
schmieden sie Kräfte stärker als Eisen.

Einig in ihrem Herzen,
wird ihre Rede vollkommen,
erlesen und süß
wie der Duft von Orchideen.

Konfuzius (551 – 479 v. u. Z.)
zu den Texten des XIII. Hexagramms im Buche »I Ging«

Kleines Gedicht

Will die Liebessehnsucht nimmermehr erleiden,
nicht länger dulden diese Bitternis.
Allein – nach stiller Einkehr –
macht mein eigen Herz mir ein Geständnis:
kann das Weh der Liebesqual nun nicht mehr missen.

Er

Im Herzen liebst du sie,
nicht leugnen soll's dein Mund.
Wie sehr du liebst,
wird sich erweisen,
wenn sie gefährdet,
wenn schutzlos in Bedrängnis sie gerät.
Wenn gar ein anderer
sie auch begehrt
und seine Liebe offenbart.

Hu She (1891 – 1962)

Goldwind und Jadetau

Es geschah vor zehntausendmal zehntausend Jahren, als die Sterne am Himmel noch sprechen konnten und Verbindung zur Erde hatten. Sie konnten sprechen und singen, lachen und weinen, kannten Glück und Trauer – wie die Menschen auf Erden. Vielleicht gilt das auch heute noch, nur wissen wir es nicht, weil wir sie nicht mehr hören.

Weil wir sie aber sehen, haben wir ihnen Namen gegeben, um sie zu unterscheiden.

Ob der »Silberfluss« auch in ihrer Sprache so heißt, werden wir nie erfahren, eine Geschichte aber ist wahr, und die haben die Spatzengötter den Menschen auf Erden erzählt: die Geschichte von dem Hirtenjungen und dem Webermädchen; »Goldwind« und »Jadetau« sind ihre Himmelssternnamen.

Goldwind hütete seine Ziegenherde auf den Matten des Tai-Berges, als eine jadeschöne himmlische Prinzessin herabschwebte, um auf seiner Weide Wiesenblumen zu pflücken. Goldwind half ihr, und so wurden sie miteinander bekannt, sangen und tanzten, und Jadetau erzählte Goldwind von den Sternen und Feen, von Genien und Göttern im Himmel; und er lehrte sie die Sitten und Bräuche der

Menschen auf Erden. Wenn Goldwind mit seiner Herde weiterzog, schwebte Jadetau auch zu den nächsten Weidegründen hinab, um bei ihm zu sein, den zarten Klängen seiner Flöte zu lauschen und von ihm immer neue erregende, wundersame Geschichten der Erdenmenschen zu hören. Jadetau wäre allzu gern auf der Erde geblieben, aber das war nicht erlaubt. Immer wenn die Sonne sich neigte, musste sie geschwind in den Himmel zurück, damit ihr Fehlen nicht bemerkt würde. Goldwind wäre allzu gern mit ihr gezogen, aber er durfte seine Herde nicht verlassen und musste auf Erden bleiben, solange er ein Mensch war.

So vergingen Licht und Schatten.
Dem königlichen Vater der Prinzessin war von deren Ausflügen zur Erde berichtet worden, und bald wurde ihm zur Gewissheit, was er voller Sorge und Angst beobachtet hatte. Er liebte Jadetau sehr und sein Herbstherz wurde schwer und traurig. Eine Verbindung zwischen Jadetau und Goldwind durfte es nie geben, und so befahl er der Prinzessin, die Himmelswege nicht mehr zu verlassen, und seinen Dienern, Jadetau bei Tag und Nacht zu beobachten.

So vergingen Licht und Dunkelheit.

Goldwind und Jadetau glaubten mit aller Macht ihrer Herzen an ihre Bestimmung und ergaben sich demütig ihrem Schicksal. Ihre Liebe aber wuchs von Tag zu Tag und wurde zu einer wundersamen Kraft: Goldwind verwandelte sich in einen Stern und stieg – einem Adler gleich – zum Himmel auf, um dort, in den endlosen Weiten, seine Lyra zu suchen. Als er dem himmlischen Königspalast schon sehr nahe war, meldeten die Wächter Goldwinds Erscheinen im Sternenheer, und der König wurde sehr traurig. Einer Verbindung seiner einzigen geliebten Tochter mit Goldwind konnte er nicht zustimmen, ohne sie zu verlieren. Er glaubte nicht an Goldwinds Verwandlung und fürchtete, beide würden den Himmel verlassen und zur Erde ziehen und Jadetau wäre dem Himmel für immer verloren. So sann er auf einen Ausweg, Tag und Nacht, bis er endlich die Lösung gefunden hatte: Er warf zehntausend Sterne zwischen die Liebenden – so entstand der »Silberfluss«, den die Menschen »Milchstraße« nennen und heute noch am Himmel erkennen, wenn die Sterne blinzeln.

Jadetau sah den Silberfluss und die Sternwächter des Königs und erkannte sogleich, dass es keinen Weg mehr zu Goldwind gebe. Ihre Augentruhe füllte sich mit Tränen, sie weinte Tage und Nächte ohne

Unterlass. Nach langer Zeit zeigte der König endlich Erbarmen und gestattete Goldwind und Jadetau, den Silberfluss einmal im Jahr zu überqueren um beieinander zu sein. Aber der lange Weg über die zehntausend Sterne war beschwerlich, und den Liebenden blieben nur wenige gemeinsame Stunden.

»Dass der Silberfluss in dunkler Nacht auf heimlichem Pfad« nicht endlos würde, dafür sorgten die gütigen und mitfühlenden Spatzengötter, und sie flogen eine Brücke, den Liebenden den Weg zu verkürzen.

»Wenn beider Liebe ewig hält,
wird der Verzicht auf's Beieinandersein Erfüllung.«

Die Spatzengötter

Wolkenschleier malen Himmelsbilder.
Wie Sternschnuppen am Firmament
versiegt pfeilschnell das Herzeleid.

Endlos scheint der Silberfluss
in dunkler Nacht auf heimlichem Pfad.

Wie goldener Wind und Jadetau,
so kostbar ist das Einmal-sich-Begegnen.
Nichts Irdisches ist dieser Freude gleich.

Sanfte Liebe, zart und klar wie Wasser,
ein Festtag, wie im Traum ersehnt.

Wie könnte nur das Auge duldend
hin zum Brückenbogen seh'n,
von Spatzengöttern mitleidvoll geschaffen.

Wenn beider Liebe ewig hält,
wird der Verzicht auf's Beieinandersein Erfüllung.

Tschin Guan (1049 – 1100)

Die Braut

Anmutig, scheu und zart wie eine Blume
sitzt sie im Brautgemach.
Schicklich senkt sie ihr Köpfchen,
verstohlene Blicke zu ihm.

Selige Freude im Herzen,
heimlich, dass niemand es sieht,
spotten würden die Gäste.

Höflich sagt ihr Mund:
Bleibt doch noch ein Weilchen.
Bangend spricht das Herz:
Augenlosen Teufeln fehlt die Tugend –
Auf! Nach Hause! Trollt euch!

Dshiang Dshing (20. Jahrhundert)
In alter Zeit führten die Hochzeitsgäste das junge Paar ins Brautgemach.

Gemeinschaft mit Menschen

Obwohl die Überwindung aller Hindernisse
große Schwierigkeiten schafft,
werden zwei Menschen, die getrennt,
aber in ihren Herzen vereint sind,
alle Wirren lösen.
Nichts kann ihre Bande lösen,
sie bleiben einander treu.
Traurigkeiten und Missmut werden sich
in Glücklichsein und Freude verwandeln.
So groß ist ihre Kraft.

Aus dem XIII. Hexagramm des »I Ging«, dem »Buch der Wandlungen«. Dieses älteste Buch Chinas erschien am Ende des Zweiten Jahrtausends vor unserer Zeitrechnung. Es nimmt auch heute noch eine Sonderstellung in der großen Zahl der »Klassischen Schriften« ein und ist nicht nur als Orakelbuch wirksam bis in unsere Tage, vielmehr ein System von Gleichnissen für alle Menschen; als Fundament aller Weisheit, jedermann seinen ihm gemäßen gegenwärtigen und künftigen Weg weisend.

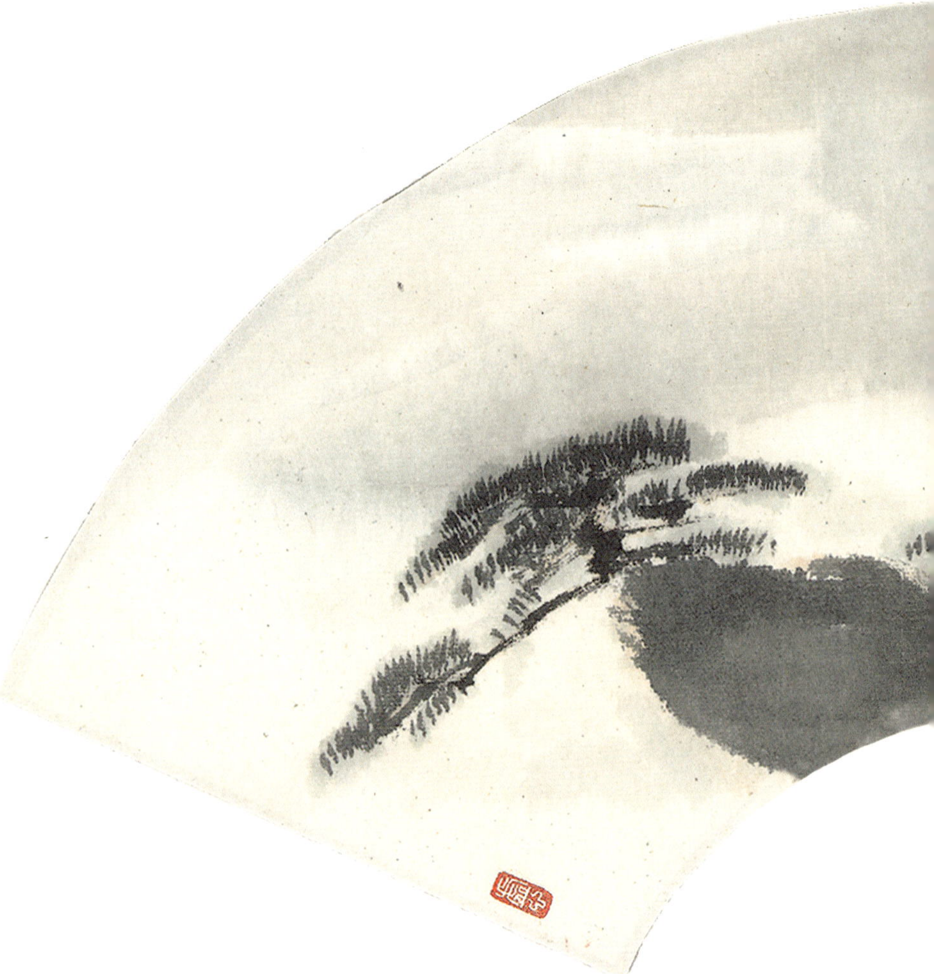

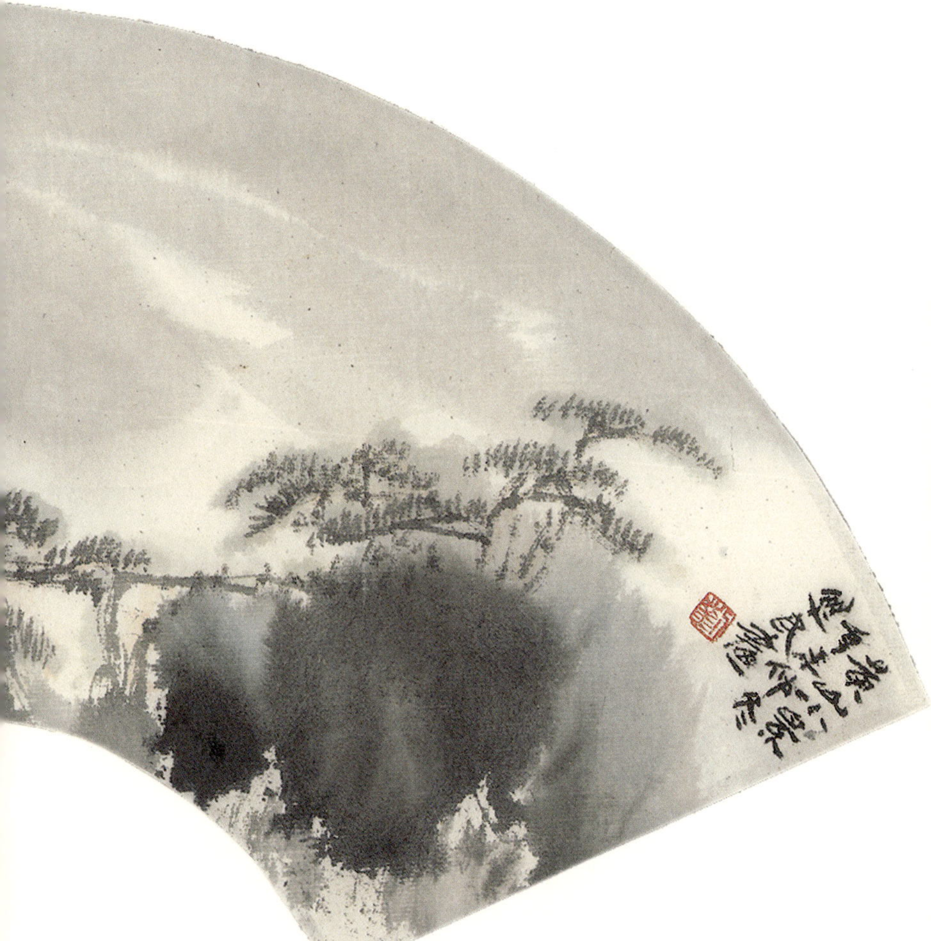

Im Silberfluss blinken die Sterne

Taufrische Luft und klarer Himmel.
Der Mond wirft seinen Schein in diese Nacht.
Im Silberfluss blinken die Sterne.

Westwind weht im Bananenhain,
lange Blätter raschelnd seufzen.
Westwind weht über dem Wu-tung-Baum,
Blätter schwebend fallen.

Ihr bleiches Blumengesicht
von Sehnsucht verzehrt,
ihre weidengertenschmale Gestalt
nur noch ein Schatten.

Im Raureif erglänzt der Gartenzaun,
auf dem der Papagei jetzt schläft –
so still ist die Nacht.
Moos überwuchert den Pfad –
Herbstinsekten zirpen unter steinernen Stufen.

In diese Nacht versunken
spiel ich meine Zither,
sing ich mein Lied.
Die Melodien tragen schwebend meine Sehnsucht
über das endlose stille Meer,
in die Berge hoch und weit.

Wei Han Zhang (20. Jahrhundert)

Der alte Baum

Das Edle zu bewahren, ist des Himmels Sinn.
Schöntun der Welt bringt keinen Segen.
Sich bescheiden wie die knorrig graue Kiefer,
deren Wurzel sich vom Stein zu nähren weiß,
hoch droben in den kahlen Bergen.
Wer kann sich mit ihr messen,
meinen gar, ihr gleich zu sein?
Wolkenschleier sie umhüllen,
fern vom Staub der Welt.

Xue Sui (20. Jahrhundert)

Ode an den Frühling

Frühling neigt sich seinem Ende.
Füllt den Becher bis zum Rand!
Wie, ach, wär' der Lenz zu halten?
Keine Antwort …
Der Vorhang hebt sich –
Regen fällt am Westberg nieder.

Von der Höhe klingt des Dichters Lied.
Aus kummervollem Herzen
schallt weit sein Klageruf:
Ihr Wellen im Wolkenmeer,
Ihr Höhen und Gipfel –
nur Ihr könnt den Frühling halten.
Lasst ihn nicht ziehen!

Wang Dshou

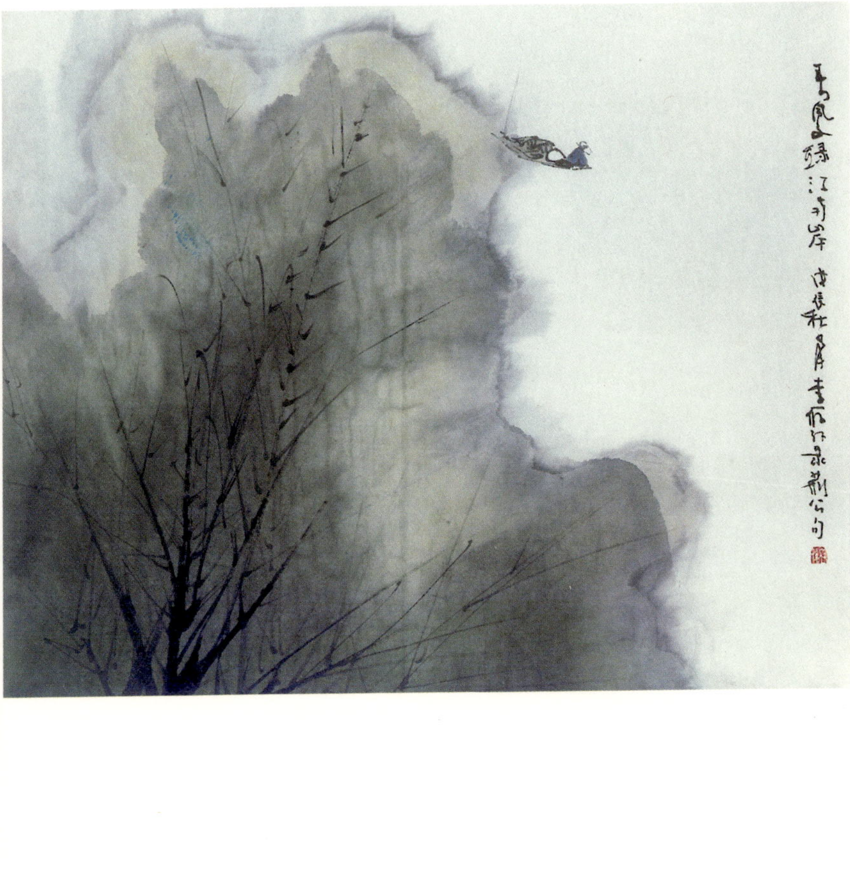
春風又綠江南岸
庚辰秋月

Orchidee ohne Erdreich – heimatlos

Als die Südliche Sung-Dynastie zu Ende ging und die neuen Herren der Yüan die Macht übernahmen, lebte Tschen Sse-hsiao, ein hoher Beamter, der auch als bedeutender Maler bekannt war.

Sein Heimatdorf lag in einem Grenzgebiet, das nach dem Dynastiewechsel zum Reich der Yüan gehörte. Tschen Sse-hsiao war ein entschiedener Gegner der neuen Machthaber und konnte den Niedergang der Sung und den Verlust seiner Heimat nicht verwinden.

Er wollte sich dem neuen Kaiser für ein Amt nicht mehr zur Verfügung stellen, und so lebte er fortan im Traum von der Vergangenheit: Nie zuvor war eine Zeit so reich und fruchtbar in ihrer kulturellen Entwicklung gewesen wie die Nördliche und die Südliche Sung-Zeit. Die Kaiser hatten unzählige Dichter und Maler an ihren Hof gezogen. Die Literatur war frei von Politik, die Dichter und Maler verloren sich in romantische Träume und Weltflucht. Die Gesellschaft führte ein Leben in Schönheit und Luxus, und die Künstler lebten von der Hochherzigkeit freigebiger Mäzene.

Tschen Sse-hsiao träumte von der Wiederkehr der Sung und drückte seine Sehnsucht auch in seinen Bildern aus: Als Symbol seiner Treue zum letzten Sung-Kaiserhaus und als Ausdruck der Trauer um

die verlorene Heimaterde malte er fürderhin Orchideen nur noch ohne Erdreich, Sinnbilder seiner eigenen Heimatlosigkeit.
Und so wurde es Brauch, den Verlust der Heimat oder den Bruch mit der Vergangenheit darzustellen, indem man Orchideen malte, deren Wurzeln keinen Boden mehr fanden.

Südliche Sung-Dynastie: 1127–1276, Yüan-Dynastie: 1277–1367

Text der
Kalligraphie von
Jiang Feng Bai:

Jiang Feng Bai
hat es mit leichtem
Pinsel gemalt.

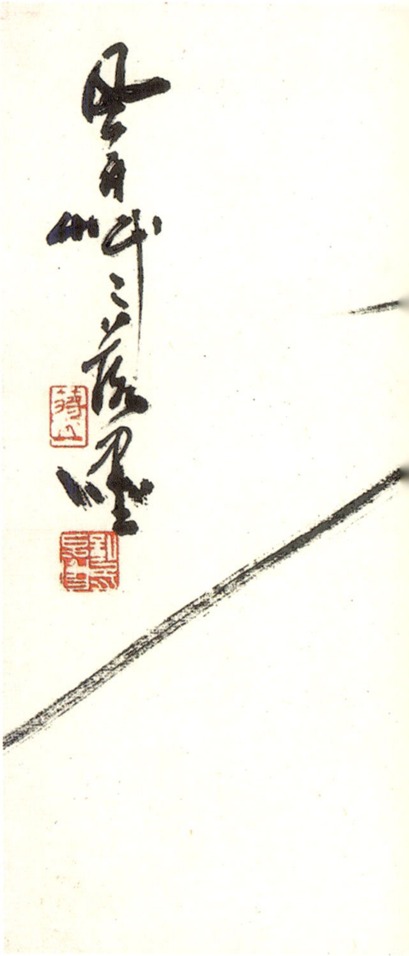

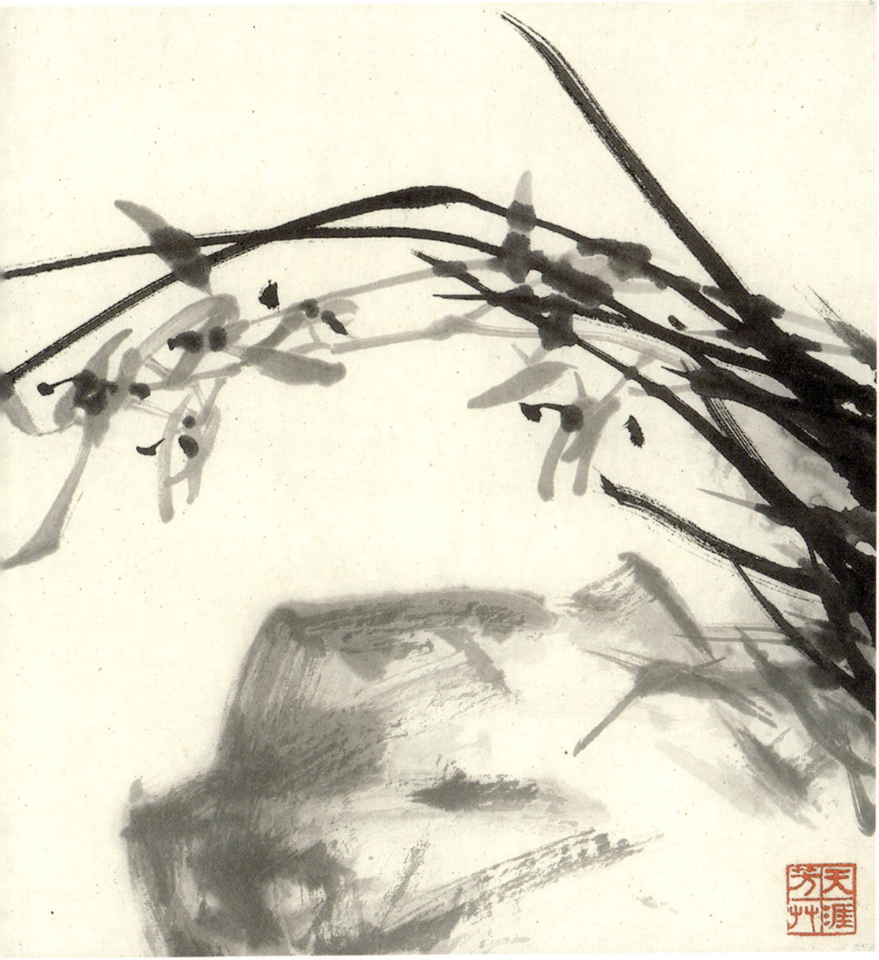
天涯芳艸

Botschaft ohne Worte

In edler Vase schwelgen Blumen
voll in ihrer Blüten Pracht.

Kein Klagelied, weil sie, gepflückt,
dem nahen Tod entgegenblüh'n.

Was wissen Blumen denn von Kerzen,
die ihr Leuchten schenken?
Was von Räucherstäbchen und dem Sinn?

Gepflückt, bedeutet frühes Welken,
bedeutet auch Bewahren,
auch vor Wind und Sturm behüten.

Fan Cheng Da (1126 – 1193)

Für die Blumen schrieb Hu She die Antwort:

Wer sagt, ich fürchte Wind und Regen
und neide Kerzen ihren Glanz?

Nur eines wünsch' ich sehnsuchtsvoll:
bei ihr zu sein, die mich gepflückt.
Frohgemut in ihrer Nähe weilen!

Und wenn Blatt für Blatt die Blüten fallen,
geborgen sie an den Geliebten senden,
eine Botschaft ohne Worte.

Hu She (1891-1962)

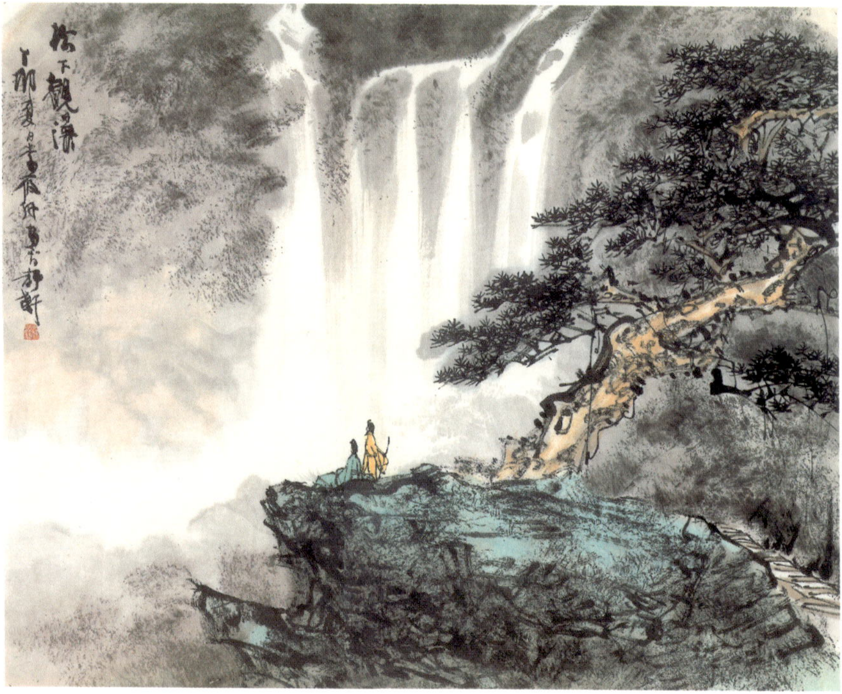

Über die rechte Art, Blumen zu genießen

Ende des 16. Jahrhunderts lebte Yüan Chung-lang. Sein Buch »Über das Anordnen von Blumen« wird noch heute gelesen. Über die rechte Art, Blumen zu genießen, schreibt er:

»Am besten ist es, Blumen beim Teetrinken zu genießen, am zweitbesten bei guten Gesprächen, am drittbesten ist es, man genießt sie in freundschaftlicher Runde beim Wein. Lautes, pöbelhaftes Benehmen beleidigt jede Blumenseele; da wäre es schon besser, wie ein Tölpel stumm dazusitzen, als sie zu kränken.«

Der Autor Yüan Chung-lang zählt die Bedingungen auf, die den Blumen angenehm oder demütigend sind:

Bedingungen, die den Blumen behagen

Ein klares Fenster
Ein heller Raum
Antike Dreifüße
Tuschesteine aus der Sung-Dynastie
Flussgeräusche
Das Rauschen wogender Föhren
Das Lied des Teekessels
In auserlesenem Gästekreis zu verweilen
Wenn ihr Besitzer Gedichte liebt
Wenn ein teekundiger Mönch zugegen ist
Wenn die Hauptfrau und die Konkubinen Blumengeschichten zu erzählen wissen
Wenn ein guter Freund des Hauses kommt und Wein bringt
Wenn man die Stunde kennt, in der die Blumen schlafen und träumen

Bedingungen, die den Blumen nicht behagen

Wenn ein tölpelhafter Diener die Ordnung in den Vasen stört
Wenn in der Familie über Geld gesprochen wird
Grölende Gassenjungen vor dem Tor
Klatsch- und Tratschgespräche
Faulenzende Dienstboten in ihrer Nähe
Raufende Hunde vor dem Fenster
Wenn alle Blumen blühen und man seine Schulden nicht bezahlt hat
Schleimspuren von Schnecken
Herumliegende Bücher, die niemand achtet
Gedichteschreiben nach dem Reimlexikon
Wenn während heiterer Gesellschaftsspiele der Wein ausgeht
Wenn böse Frauen Blumen schneiden, um sie sich ins Haar zu stecken
Falsche Liebesworte
Ungebildete Mönche, die über ZEN sprechen
Wenn herzlose Menschen sie mit leeren Blicken betrachten

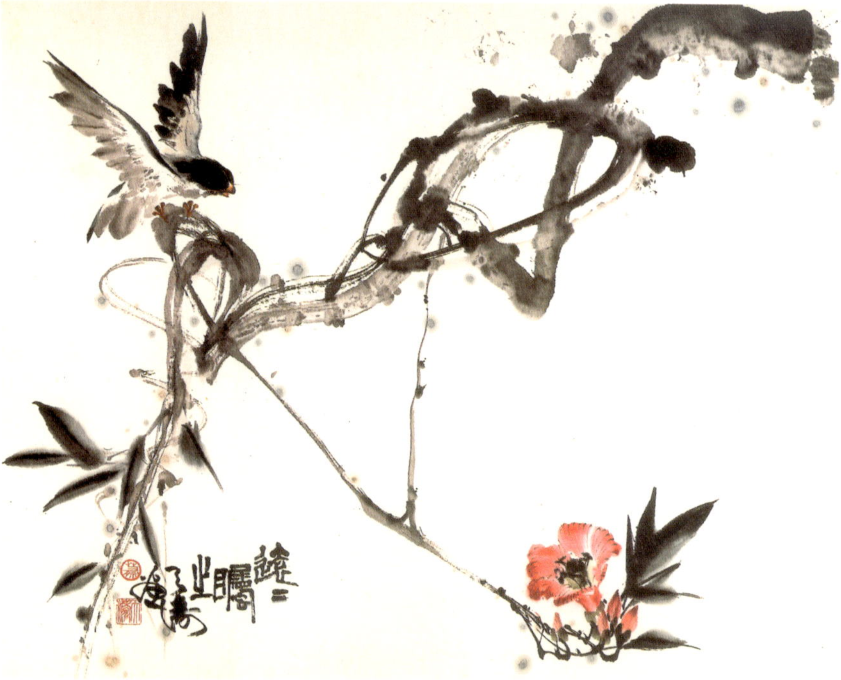

Wer sein Licht erkennt
und dennoch im Dunkeln bleibt,
der ist das Vorbild der Welt.
Lao Tse

Die Erleuchtung des Yang Fu

Yang Fu nahm Abschied von seinen Eltern und wanderte nach Szechuan, um den Bodhisattva Wu Chi zu besuchen.

Er war noch nicht einen Tag gewandert, da begegnete ihm ein alter Mönch und fragte: »Wohin des Weges?« Yang Fu erzählte dem Alten von seinem Verlangen, den Bodhisattva zu finden und dessen Schüler zu werden. »Unsinn! Vergeudete Zeit! Schrullen!« sagte der Alte mürrisch. »Es ist besser, Buddha selbst zu sehen, als nur einen Bodhisattva. Lauf nicht weiter, Yang Fu, geh' wieder nach Hause, aber denk an meine Worte: Du wirst jemandem begegnen, der in eine alte Decke gehüllt ist und den linken Pantoffel am rechten und den rechten am linken Fuß trägt. Achte auf dieses Zeichen und vergiss meine Worte nicht: Jener ist der wahre Buddha!«

Yang Fu war verwirrt. Noch ehe er sich gefasst hatte, war der Alte verschwunden. Woher war er gekommen? Wohin war er gegangen? Wer war er? Auf dem ganzen Weg bisher hatte Yang Fu nichts Auffallendes bemerkt – wer mochte dieser alte Mönch sein?

Yang Fu begab sich sogleich auf den Heimweg. Aber warum? Was zwang ihn nur dazu, dem Rat jenes wunderlichen Alten zu folgen?
Spät in der Nacht kam er zu Hause an, seine Eltern schliefen. Aber als die Mutter den Türklopfer hörte und gleich darauf die Stimme ihres Sohnes erkannte, war sie sehr überrascht. Freudig erregt eilte sie, ihm zu öffnen. Yang Fu sah die Mutter, stammelte einige verworrene Worte, und dann – leise, wie zu sich selbst, sagte er: »Ich habe Buddha gesehen – die Weissagung des Alten hat sich erfüllt.«
In diesen Augenblicken hatte er die Erleuchtung erlebt.
In der Eile, dem Sohn die Tür zu öffnen, hatte die Mutter sich geschwind nur eine alte Decke umgelegt und war hastig in ihre Pantoffeln geschlüpft – den rechten Pantoffel am linken, den linken am rechten Fuß.
Seit jenem Tage diente Yang Fu mit aller Kraft seines Herzens nur noch seinen Eltern und hinterließ bei seinem Tode eine umfangreiche Sammlung von Aufzeichnungen, die als »Das klassische Buch von der Pietät« überliefert sind.
Erst nach Yang Fus Tod hörten die Menschen von dessen gutem Werk.

»Bringt es nicht Freude« – sagt Konfuzius – »wenn die guten Taten eines edlen Menschen von der Gesellschaft nicht öffentlich gelobt werden? Ist es nicht wahre Freude, meine Enttäuschungen zu überwinden, wenn die Welt meinen wahren Charakter und mein Gutsein nicht gleich anerkennend bemerkt?«

Aus »The Golden Age of Zen« von Wu Ching Hsiung (20. Jahrhundert)

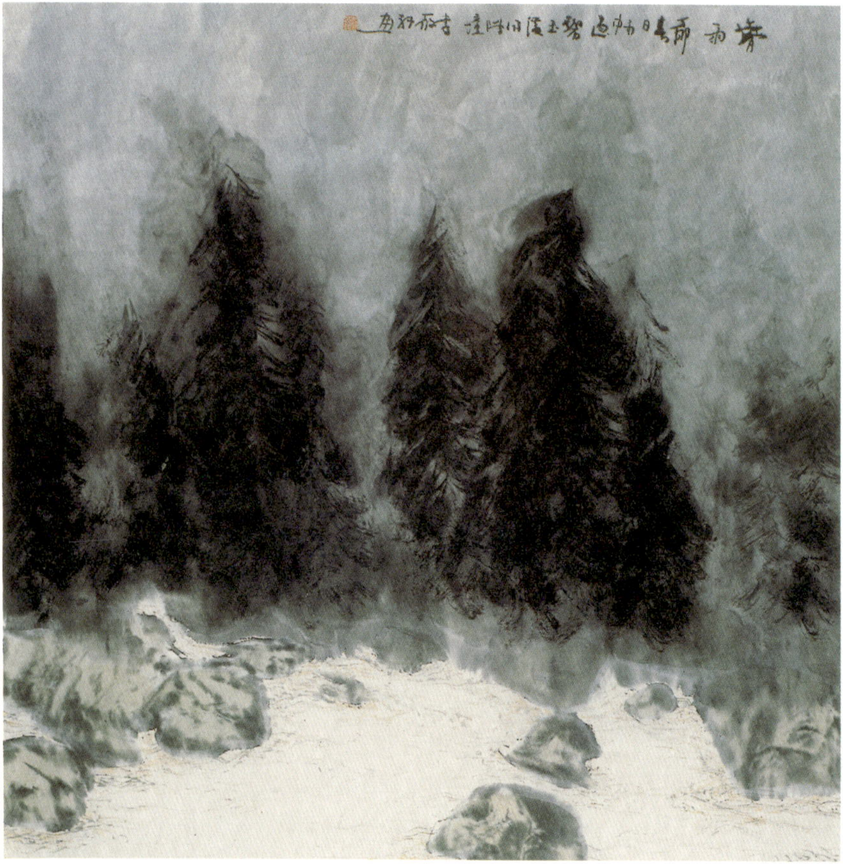

Ein Windhauch

Im Garten Stille,
von der Gasse Straßenlärm.
Die Kiefer wirft Schatten,
am Himmel leuchtet der Mond.
Tiefe Stille ist in allem,
Garten, Kiefernbaum und Mond.

Könnt' ich emporgleiten auf seinen Strahlen,
hinauf und umschlingen den Mond
mit meinen Armen,
still ihn berühren nur.

Ein Windhauch wollt' ich sein,
ein Windhauch nur in seinem Glanz.
Und wiederkehren, ein mächtiger Sturmwind,
und blasen und brausen über Berg und Tal.
Und wecken die frühlingstrunkenen Bäume,
kreisend umschweben den Berg.

Ein Windhauch macht,
dass eine kleine grüne Tannennadel
still und leise vor dein Fenster fällt.
Ein sanfter Seufzer nur –
soll deinen Traum nicht stören.

Xu Zhi Mo (20. Jahrhundert)

Die Musik bewirkt Vereinigung.
Ist die Musik vollkommen,
gibt es keinen Groll,
die Sitten wandeln sich zum Guten,
und die ganze Welt erlangt Frieden.
Konfuzius

Der Tsche-Yin-Freund

Zur Zeit der »Frühlings- und Herbst-Annalen« lebte Tzung Tze-tschi, ein Musikfreund und -kenner höchsten Ranges. Wenn er eine Melodie nur von Ferne hörte, erspürte er alsogleich nicht nur die Stimmung, auch die Gedanken des Musikanten.

Einmal begleitete er seinen Freund Buo Ya in die Berge. Ein Unwetter zog herauf, sie fanden Schutz in einer Felsenhöhle, und die beiden Freunde spielten ihr altes Spiel:

Buo Ya, den man nie ohne seine Gu-Tschin sah, spielte eine Melodie, und Tze-tschi sollte Thema und Gedanken erraten. Auch diesmal traf er des Freundes Herz.

Als nach der ersten Melodie Buo Yas Zither schwieg, sagte Tze-tschi: »Oh, das war die Melodie des Regens. Du denkst an einen mächtigen Strom, mein Freund.«

Und nach der zweiten Melodie: »Oh, mein Freund träumt vom Taishan (Berg) und spielt den Ausbruch eines Vulkans.« Beidem stimmte Buo Ya zu: »Wieder hast du meine innere Musik erlauscht. Du bist selbst Musik und kannst in mein Herz sehen.«

Fröhlich setzten die beiden Freunde ihre Wanderung fort, schöpften Kraft und Stille aus der Natur, und wenn sie einen klaren Bach oder eine Quelle fanden, ließen sie sich nieder, Tze-tschi bereitete den Tee und Buo Ya zupfte die Gu-tschin. Sie schrieben Verse und schufen immer neue Melodien und nannten ihr Eintauchen in Musik und Poesie »Traumweltwanderungen«.

So vergingen Licht und Schatten.

Buo Ya war in den Himmel zurückgegangen.

Tze-tschin eilte, um den Zeremonien beizuwohnen. Über dem Grab des Freundes zerbrach er dessen Gu-Tschin.

Seit jener Zeit sagt man, wenn man von der tiefen Freundschaft eines Menschen spricht: Er ist mein Tsche-Yin-Freund.

»Tsche« heißt Verstehen, »Yin« heißt Musik, auch: innere Musik.

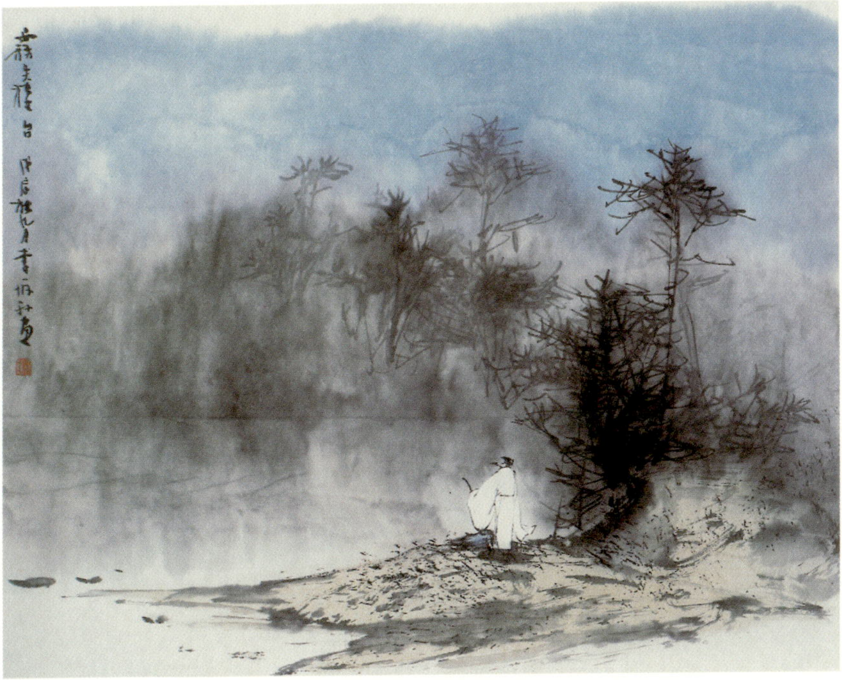

Frag ich den Himmel: Wo bist du?

Nachtglocken tönen weit, verhallen.
Alle Menschen ruh'n.

Sinnend lehn ich am Fenster.
Meine Blicke wandern,
suchen die Sterne, den kalten Mond,
der sich in nachtdunkle Wolken hüllt.

War's so eine Nacht,
an diesem Ort?
Mein Herz entrückt in verlorene Träume.

»Wo bist du?«, frag ich den Himmel.
Unendlicher Nebel nur.
Trauer füllt meine Augentruhe mit Tränen.

Welke Blütenblätter fallen.
Mond und Sterne ohne Glanz.
So treibt mein Herz
wie wurzellose Fu Ping auf dem Teich.
Die Zeit verrinnt, mein Bart ergraut.

Flüsse versanden, Land sinkt ins Meer,
zehntausend Dinge im Wandel.
Jene Nacht – jener Traum,
Erinnerung bitter und süß,
kein Blick zurück.
Wo bist du?

Huang Yung Shi (20. Jahrhundert)
Fu Ping ist eine auf dem Wasser treibende, wurzellose Pflanze, Symbol für Ungewissheit und Suchen.

Pflaumenblüte

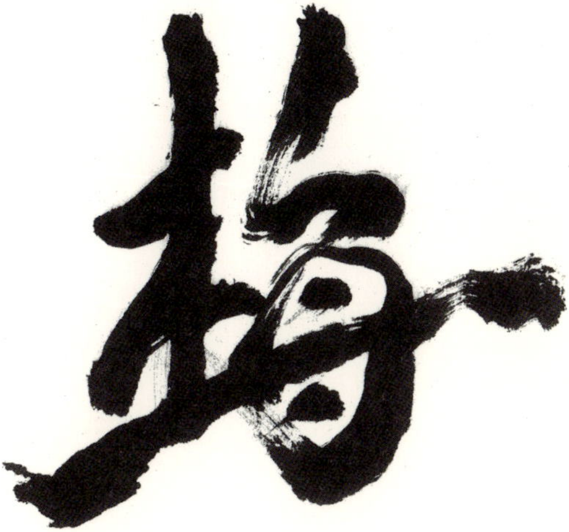

Die Pflaumenblüte als Sinnbild

Pflaumenblüten sind ein Sinnbild für die Winterzeit. In zahlreichen Versen und Liedern werden ihr Duft und ihre schneegleiche Reinheit besungen. Das Motiv der schneeweißen Blüten auf eisblauem Porzellan symbolisiert das berstende Eis, das zum beginnenden Frühling in den Süden treibt.

Tieferer Sinn jedoch ist verborgen im noch blätterlosen Pflaumenbaum, der zur Winterzeit zu blühen vermag, lange bevor seine grünen Blätter sprießen und während alle anderen Bäume noch schlafen. Auch ist sie Symbol für den Edlen, der durch seine Bescheidenheit Macht und Kraft des Guten schafft und darin Vorbild ist für jedermann.

Des Edlen Herz ist nicht käuflich.
Sein Wissen ist umfassend, aber er
enthüllt es nicht.
Er ist erleuchtet, aber streitet nicht mit
Worten.

Seine Menschenliebe ist groß, er aber ist
bescheiden und unauffällig, als könnte
jedermann ihn erreichen.
Und doch bleibt er unerreichbar.
Einen solchen Menschen mag man einen
Edlen nennen.

Konfuzius

Jenseits der Grenze

Dort, wo der Gelbe Fluss
in die fernen weißen Wolken fließt,
nahe der ummauerten Stadt
in den zehntausend Fuß hohen Bergen,
dort bläst klagend ein Tatar die Trauerflöte:
»Nie weht der Frühlingswind über den Jade-Pass.«

Nach einem Gedicht aus der Tang-Zeit (618 – 906)

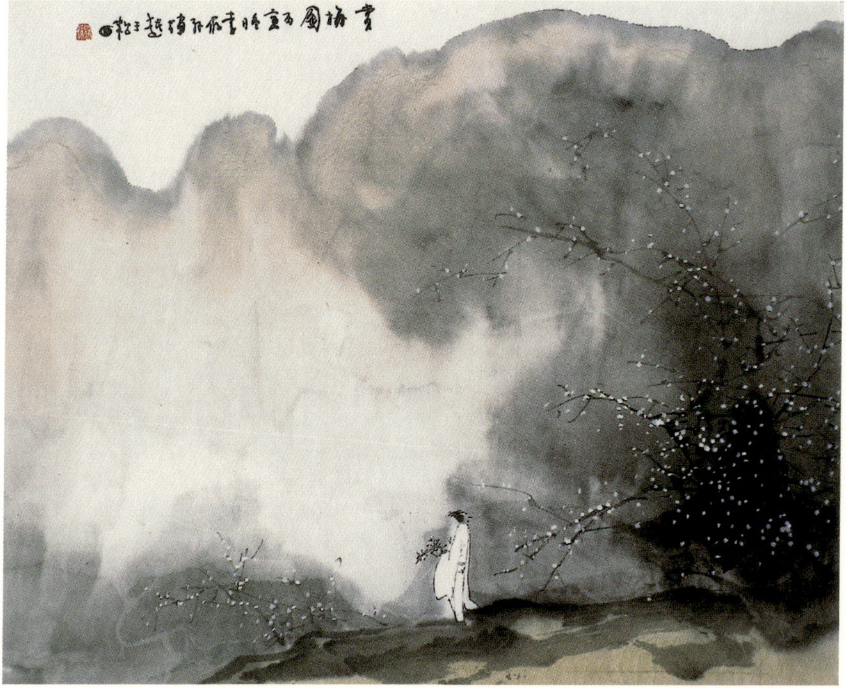

Pflaumenblüten suchen im Schnee

Der Schnee schmilzt dahin,
der Himmel wird klar,
allüberall spürst du schon
Blütenduft im Wintermond.

Mein Eselchen trägt mich über die Brücke,
hell erklingen die Glöckchen.

Ich fülle alle Schalen mit duftenden Blumen.
Immer sollen Pflaumenblüten,
Bücherklang und Zitherspiel
mir Gefährten sein.

Liu Hsue An (20. Jahrhundert)

Morgen auf dem Tsching-Huai-Fluss

Nebelschleier über dem kalten Strom,
fahles Mondlicht auf sandigem Ufer.
Mein Boot legt an,
im Schatten der Schenke am Tsching-Huai-Fluss.
Die Mädchen singen das »Lied der Blumen im Palasthof«,
Echo aus Tschen-Königs Tagen,
nicht wissend, was damals geschah.

Nach einem Gedicht aus der Tang-Zeit (618 – 906)

Herbstherz

Jugend kennt Sorgen nicht und Leid,
stürmt Höhen und Gipfel in frühen Tagen,
himmelwärts träumend.
Zu jung ist der Quell, kennt Tiefe nicht.

Nun bin ich alt,
kenne Kummer und Leid,
möchte singen und sagen davon.
Ein Seufzer nur – voll Frieden mein Herz,
bleibt Schweigen.

Es ist kalt –
ein hoher, mächtiger Herbst.

Hsin Dja Shüen (1140 – 1207)

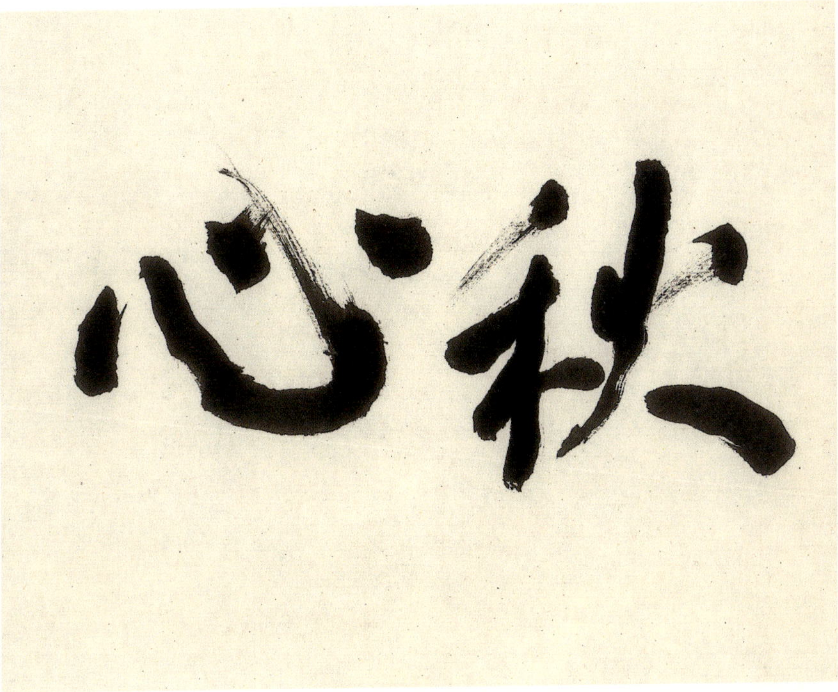
秋心

Wiedergeburt

Abendhimmel lädt zum Träumen.
Trunken steh' ich hingelehnt
am zierlichen Pfeiler des Pavillons,
berauscht vom nächtlichen Schweigen.
Sterne sinken im Himmelsschlaf.

Gedanken kommen und gehen,
wie Leben zu Staub zerrinnt,
verlöscht und wiederkehrt.
Graue Wolkenfetzen am Firmament.

Blumen welken, sterben hin
zu immer neuer Blüte.
Groß ist die Nacht.

Wer wandert im Garten auf und ab und auf und ab?
Licht wird zum Erlöschen geboren.
Morgenwinde verwehen Stern um Stern.
Licht, Schatten und Dunkel –
das ewige Rad.

Hsū Hsū (20. Jahrhundert)

Hoffnung auf Pflaumen löscht den Durst

Der allbekannte und listenreiche General Tzao-Tzao führte seine Armee in den Kampf gegen den Feind im Norden.

Sie hatten den »Wasserweg« verloren, Brunnen und Quellen verfehlt; quälender Durst peinigte die Soldaten, die nicht mehr bereit waren zu kämpfen.

Da gab Tzao-Tzao den Befehl, trotz allem weiterzumarschieren, denn nicht weit voraus kämen sie in einen großen Pflaumengarten. Es sei die Zeit der Ernte; große, saftige süßsaure Pflaumen würden ihren quälenden Durst löschen.

Alle bekamen einen »wässernden Mund« und waren wieder bereit, Tzao-Tzaos Befehlen zu folgen.

Einen Pflaumenwald erreichten sie nie, stattdessen aber fanden sie schließlich eine Quelle.

Siegreich konnte Tzao-Tzao seine Armee in die Heimat führen.

Seit jener Zeit werden Pflaumen auch »Tzao-Gung« genannt. »Gung« ist ein hoher Ehrentitel.

Pflaumen malen – Durst löschen

Vor 2200 Jahren, als Tschin Shi Huang, der erste Kaiser Chinas, die große Mauer bauen ließ, lebte in der kleinen Stadt Tsing-Tschen ein berühmter Maler. »Seine Bilder leben« sagten seine Bewunderer. »Wenn er einen Hahn malt, hört man diesen krähen; malt er einen Tiger, wird man von panischer Furcht ergriffen; malt er Orchideen, ist man berauscht von betörendem Blütenduft.«

Eines Tages begab sich der Meister auf Wanderschaft. Als er eine Wüste durchqueren musste, geschah es, dass er nirgends eine Quelle fand. Dem Verdursten nahe, nahm er Tusche, Pinsel und Papier aus seinem Reisebündel und malte Pflaumen. Und er malte die Früchte so natürlich, dass er sogleich einen »wässernden Mund« bekam. Er durchquerte die Wüste, ohne noch einmal Durst zu verspüren oder gar davon gequält zu werden.

Pflaumenblüte

An der alten Mauer
erste Pflaumenblüten.
Der Kälte trotzend blüht allein nur sie.
Ihr zarter Duft verkündet im Verborg'nen:
Es ist nicht Schnee,
die Blüten sind's, die silberweiß von weither leuchten.

Wang Anshi (1021 – 1086)

Wie könnt' ich nicht an dich denken

Sachte schweben die Wolken am Himmel,
Wind weht übers Land.
Ach! Der Windhauch in meinen Haaren –
Wie könnt' ich nicht an ihn denken.

Der Mond ist verliebt in die Wellen,
das Meer verliebt in den Mondenschein.
Ach! Süß und silberhell ist die Nacht –
Wie könnt' ich nicht an ihn denken.

Welke Blüten gleiten übers Wasser,
Fische ziehen gemächlich dahin.
Ach! Was zwitschern da die Spatzen, sagt?
Wie könnt' ich nicht an ihn denken.

Herbstbäume schwanken im kalten Wind.
Wilde Feuer brennen am Firmament.
Ach! Im Westen verglüht noch das Abendrot –
Wie könnt' ich nicht an dich denken.

Einsam trinken im Mondenschein

Einsam trinken im Mondenschein
Blüten rings um mich her,
ein Krug Wein ist mir geblieben.
Ich hebe den Becher,
bitte den Mond zu Gast,
und er schenkt mir meinen Schatten.
Nun sind wir drei.

Was weiß der Mond vom Zechen?
Lässt er doch vergebens
meinen Schatten meinem Körper folgen.

Weinselige Spiele im Frühlingswind:
Ich singe, und der Mond wiegt sich im Takt zu meinem Lied,
ich tanze, und mein Schatten taumelt.
Im Weinrausch trennen sich die Wege.
Wünsche bleiben,
die für alle Zeit verbinden –
sehnsuchtsvoll, wie endlos ziehende Wolken im Silberfluss.

Li Bai (701–762), *Silberfluss* bezeichnet die Milchstraße

Rätsel

Ist's eine Blume?
Und doch keine Blume.
Nebel?
Und auch kein Nebel.
Kommt zur Mitternacht,
geht, wenn die Hähne kräh'n.
Naht wie ein Frühlingsraunen,
wird nie verweilen.
Vergeht mit dem Morgenrot,
ohne Klang – ohne Lied.

Bai Tchü Yi (772 – 846), ein Dichter der Tang-Zeit

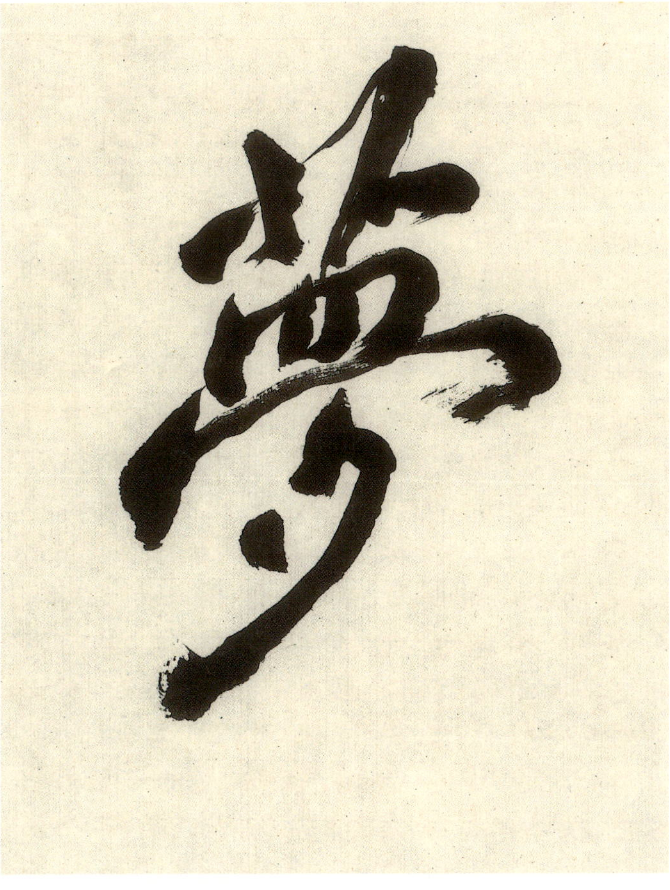
夢

Der Glockenständer
oder: Vom Holzschnitzer, der das Tao gefunden hatte

Der Herzog befahl seinen Dienern, den besten Holzschnitzer im Lande zu suchen.

Es vergingen drei Tage und drei Nächte. Ein Holzschnitzer wurde gefunden, in den Palast geführt, und er erhielt vom Herzog den Auftrag, einen besonders schönen Glockenständer für den fürstlichen Ahnentempel zu schnitzen.

Nun vergingen drei mal sieben Tage und Nächte bis der Glockenständer fertig war.

Aus allen Dörfern und Städten strömten die Menschen herbei, um das Werk dieses Meisters zu sehen, und wie »Wind und Blitz« verbreitete sich im ganzen Land die Kunde von der Schönheit des Glockenständers, der ein Werk des Himmels sein müsse, nicht von Menschenhand geschaffen.

Auch zum Palast des Herzogs gelangte die Kunde, und er ließ den Holzschnitzer eilends zu sich rufen. Voller Staunen betrachtete er dessen Werk und fragte:

»Habt Ihr ein Geheimnis?«

Der Meister antwortete:

»Ich bin ein ungebildeter Handwerker, Euer Hoheit, und weiß nichts von einem Geheimnis. Wohl aber weiß ich, dass es etwas gibt, das jedermann wissen kann, und darauf kommt es an. Als ich Euren Auftrag vernommen hatte und ans Werk gehen wollte, da hütete ich mich wohl, mein Tschi, meine Atemkraft, zu missbrauchen, und ich begann zu fasten, um meine Mitte und mein Herz in Ruhe zu bringen.

Als ich drei Tage lang gefastet hatte, dachte ich nicht mehr an Ruhm und Ehre und Lohn.

Nach fünf Tagen begann ich, meine Umwelt zu vergessen.

Am siebenten Tag hatte ich meinen Leib vergessen und konnte gelassen und besonnen ans Werk gehen.

Ich durchstreifte die Wälder und prüfte Wuchs und Kraft der Bäume. Und als ich einen Baum von natürlichem, edlem Wuchs gefunden hatte, da stand der Glockenständer vor meinen Augen. Weil ich meine Natur mit der des Baumes zusammenwirken lassen konnte, folgten meine Hände nur noch dem Material. Und nun sagen die Menschen, es sei ein göttliches Werk. Erlaubt mir zu sagen, Euer Hoheit, es ist kein göttliches Werk, es ist ein Werk von Menschenhand. Wenn wir unablässig üben und suchen, in der Harmonie von Körper, Geist und Natur unsere Mitte zu finden, und die göttliche Kraft der Natur in uns nicht verleugnen, müssen unsere Werke gelingen.«

»Wohl, wohl«, sagte der Herzog.

Wieder die alten Wolken

Wieder liebkosen die Wolken den Mond,
wieder den gleichen Mondenschein.
Lautlos ziehen sie am Mond vorüber,
der Alte leuchtet im vertrauten Silberglanz.

Die Weggefährten aus vergangenen Tagen,
wo sind sie geblieben, wo?
Will nicht träumen, will nicht denken,
weil doch Vergangenes nicht wiederkehrt.

Will den Mond nicht sehen,
der die Erinnerung schürt.

Da schleicht er herein,
der unerbittliche Alte,
hält mich gefangen in Träumen –
die ganze Nacht.

Hu She (1891 – 1962)

Trinklied

Freunde!
Im Morgendämmerschein
lasst uns froh genießen.
Ha! Wie arm und dumm,
könnt' es nur bei Sonne sein.
Was kümmert's uns,
ob Sonnenschein, ob Regen.
Der Wein im Glas gibt unser Lächeln uns zurück.

Gott schuf Liebe und Wein.
Die Götter – leben die Liebe.
Die anderen spotten, lachen, lästern,
weil wir berauscht durchs Leben taumeln.
Dumm? Töricht und dumm?
Wie könnten wir wohlleben, ohne Narren zu sein.
Lasst sie reden.

Wir leben
und lieben die Reben
und lächeln.
Komm, Bruder!
Sieh den funkelnden Wein im Pokal.
Vergiss deine Sorgen
in heiterer Runde mit Freunden beim Wein.

Liu Ban Lung (20. Jahrhundert)

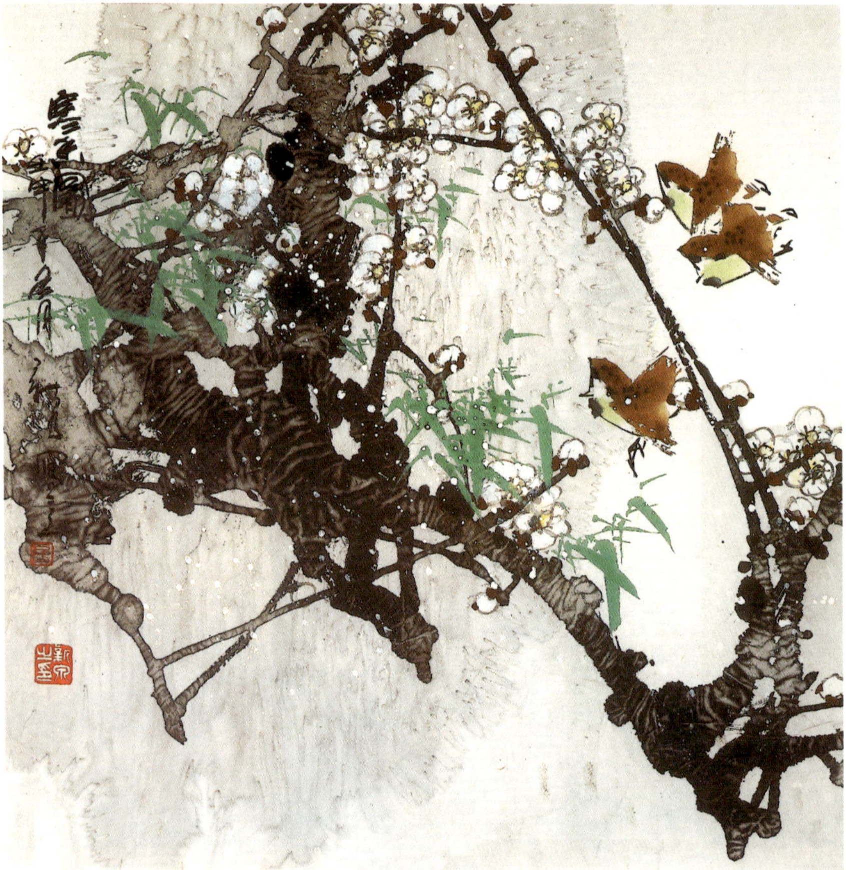

Der Nachtschmetterling

Lach nicht, weil ich nur
ein Nachtfalter bin.

Von ferne flog ich her,
sachte, still an dir vorüber.

Flog weiter, immer weiter,
hoch hinaus und tief ins Tal,

von ferne wieder her,
sachte, still an dir vorüber.

Flog nach rechts, nach links,
kreisend um den Flammentod.

Dem Feuer nicht mehr weichend,
stürzend hinab in die lodernde Glut,

kein Klagelaut.
Erloschenes Leben zu Asche verglüht.

Lach nicht, weil ich nur
ein Nachtfalter bin.

Huang Jian Guo (20. Jahrhundert)

Am Ostberg meine brennende Kerze

Siehst du am Ostberg meine brennende Kerze?
Am Westberg erkenne ich dich in ihrem Schein.

So breit ist das Tal,
und nah und weit kein Mensch.

Du leidest fern in deiner stillen Kammer,
ich weine in meinem einsamen Haus.

Die Birne ist gewogen –
werd' ich sie nie in deine Hände legen?

Volkslied,
Birne heißt »Li«. Im selben Ton gesprochen, aber anders geschrieben, bedeutet »Li« jedoch Trennung. »Die Birne ist gewogen« meint somit »die vollzogene Trennung«.

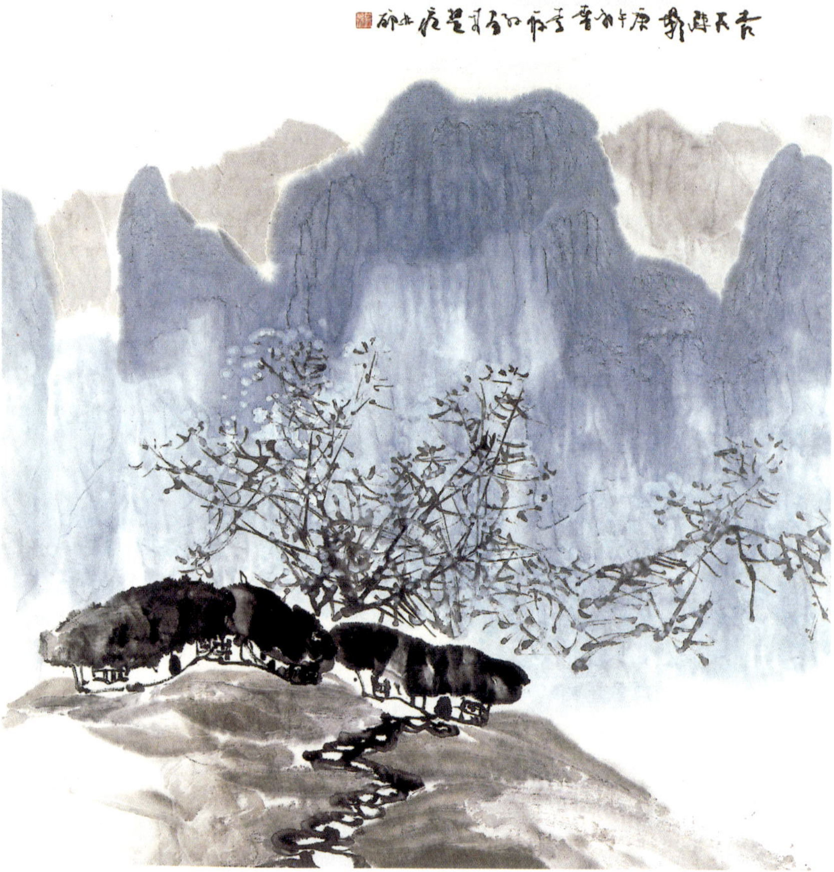

Einsam unter dem Bodhibaum

Weihevoll zum Gipfel steigt die Sonne.
Verliebte Möwen ziehen flatternd ihre Kreise.
Windwellen wehen über Höhen und Hügel.
Regentropfen kühlen lichten Wald.

Glück und Unglück,
dem Irdischen traute Begleiter,
Bestimmung.

Du sprichst von verklungenen Tagen.
Was war, vergeht wie Rauch und Nebelschleier,
Flötentöne und Glockenklang.

Zärtlich klingt dein Ruf:
Leb' wohl! Lebe wohl!
Verloren steh' ich,
einsam unter dem Bodhibaum,
und blicke in die Ferne.

Meereswellen rauschen –
grauschwer ist der Himmel.

Hsu Jian Wu (20. Jahrhundert)

Ohnmächtige Klage an den Mond

In diese Nacht versunken,
fürcht' ich die Sonne am Morgen,
die Trennung verkündet.

Kehrt sie wieder,
diese Nacht voller Glück?
Glocken läuten zur Mitternacht.

Der Mond wirft Silberstrahlen in den Raum,
wirft seine Schatten gen Westen.

Ohnmächtige Klage:
Kann ich dich nicht halten, Mond?
Nicht halten am nächtlichen Himmel
mit meinen Händen?

Gib du Antwort, Himmel:
Das Schaltjahr hast du geschenkt,
warum die »Schaltnacht« versagt?

Fünf Verse aus der Dichtung »Weißer Schnee«
des Kaisers Tang Gao Zong (627-683)

Das Licht

Frag ich den Himmel, Heimat des Lichts:
Wie sieht es aus, das Licht?
Fallend aus der Unendlichkeit,
jenseits von Raum und Zeit.
Ist so das Licht?

Wie sieht es der Mensch,
erblickt er das »Licht der Welt«?
Sieht er des Sonnenlichtes Schein und Leuchten?
Ist es der Glanz auf seinen Wegen,
Hoffnungsschimmer und Helle?
Wie sieht es der Mensch?

Sieht er's als Lichtung zwischen Baum und Strauch,
Blüte und Moos?
Wenn in dunkler Nacht im Sternenraum
Unendlichkeit aus Silberschein des Mondes leuchtet –
wo ist die Quelle?

Am Meeressaum
Stille und Sonnenglüh'n –.
Auf jeder Welle glänzt ein Licht,
in jedem Tautropfen eine ganze Sonne –
das ist das Licht.

Nichts, das je Gestalt annahm,
wurde ohne Licht.
Nichts, das je sich entfaltet,
wird ohne Licht.

Carla Steenberg

Nacht an der Ahornbrücke

Mondlicht erlöscht,
eine Krähe zieht krächzend ihre Kreise im Forst.

Vor der Nebelwand die lohende Fackel des Fischers,
wirft ihr Licht in den Schatten des Ahornbaumes.

In ihrem Schein das kummervolle Antlitz des Wanderers,
der Ruhe und Schlaf nicht findet.

Jenseits von Su Zhou,
vom kalten Berg,
ruft mich die Mitternachtsglocke
vom Han-Shan-Tempel.

Zhang Ji, ein Dichter der Tang-Zeit (618 – 906)

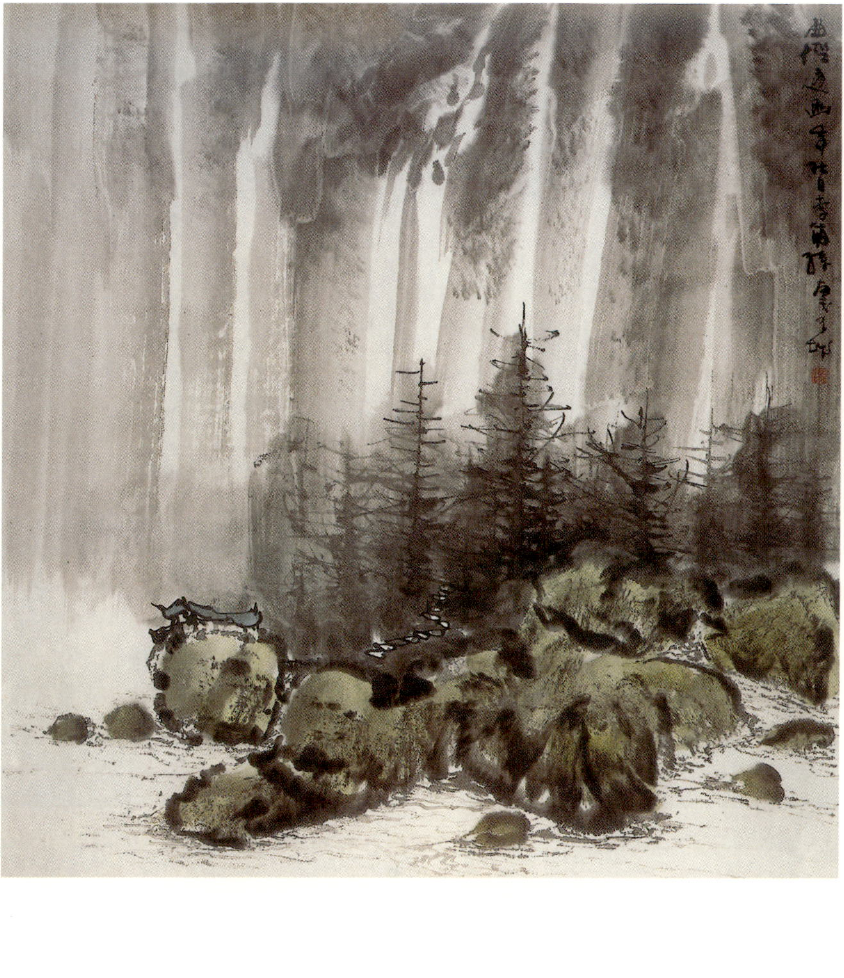

Der Messerdieb

Hinter dem Osttor in Heng-Tschun hatte der Bauer Wu seinen kleinen Hof. Eines Tages fuhr der alte Wu in die nahe Stadt und kaufte auf dem Markt ein schönes, gutes neues Messer, mit dem er die jungen Weiden und den Bambus schneiden konnte, dass es eine Lust war.

Wenige Tage später hatte Lao Wu sein Messer schon wieder verloren – es blieb verschwunden, so viel er auch suchte. Betrübt ging er in seinem Garten auf und ab; der Nachbar Yang grüßte über die Mauer. Aber, was war das? Es gab eine Veränderung, dachte Lao Wu:

»Herr Yang sieht heute anders aus als gestern, was ist mit ihm? Ganz verändert!«

So hatte Lao Wu den Nachbarn nie gesehen; sah der nicht aus wie ein Messerdieb? Geradeso wie ein Messerdieb?

Lao Wu wurde misstrauisch und begann, seinen Nachbarn genauer zu beobachten.

»Zu neun Zehnteln ist sicher, dass meine Vermutung sich als richtig erweisen wird – eine ärgerliche Sache nimmt ihren Anfang.«

Als Lao Wu am nächsten Morgen zum Dorfmarkt ging, traf er Herrn Yang schon wieder, aber seltsam war dessen Gebaren: Beim Fischhändler, beim Metzger, überall, wo Herr Yang stehenblieb, suchten seine Augen sogleich die Messer. Die feilgebotenen Fische, die frischen Bambusschößlinge und die jungen Enten betrachtete er gar nicht. Es sah so aus, als interessierten ihn tatsächlich nur die Messer der Händler – »wie ein richtiger Messerdieb«, dachte Lao Wu.

Auf dem Heimweg folgte er Herrn Yang, der ihn wohl gar nicht bemerkt hatte. Die Art, wie Herr Yang ging, wie er unruhig die Hände aus den Hosentaschen zog und immer gleich wieder in den Taschen versteckte – wie ein richtiger Messerdieb!

Am Abend – der Himmel meinte es gut und war auf Lao Wus Seite, ganz ohne Zweifel – sah er Herrn Yang im Dorftempel. Herr Yang entzündete Weihrauchstäbchen, steckte sie in den sandgefüllten kupfernen Dreifuß und verharrte geraume Zeit betend vor dem Buddha-Altar.

»Oh ja«, dachte Lao Wu, »wie ein richtiger Messerdieb! Er zeigt sich betend im Tempel, damit alle Welt sieht, wie gut und edel er ist, der alte Yang! Aber konnte nicht jedermann sehen, dass seine Haltung, sein Gesichtsausdruck, sein unsteter Blick und die Art, mit Nachbarn zu reden, ganz die Art eines Messerdiebes ist? Aus seinem ganzen Wesen spricht der Messerdieb. Nun gilt es nur noch, ihn zu überführen, und das sollte wohl bald gelingen.«

Lao Wu ging nach Hause, um seiner Frau von seinen weiteren, so treffenden Beobachtungen zu berichten. Sie kochte das Abendessen – der Küchenduft ließ nicht viel Gutes ahnen – Lao Wu sollte einige Hsiang-Zai-Kräuter aus dem Garten holen, entdeckte neben den Weiden ein großes Rattenloch und holte einen Spaten, um es zuzuschaufeln.

Da, er glaubte seinen Augen kaum, da lag sein Messer, das er beim Weidenschneiden selber an dieser Stelle verloren hatte. Ein glücklicher Abend. Das Essen war gut – seine Frau kochte ja wirklich nicht schlecht, und ein Gläschen Reiswein konnte man sich schließlich genehmigen. Ein glücklicher Abend.

Herr Wu ging zu Bett und schlief den tiefen, traumlosen Schlaf des Gerechten. »Ein reines Herz braucht nicht zu fürchten, dass zur Mitternacht ein böser Geist ans Tor klopft.«

Am nächsten Morgen grüßte, wie gewohnt und zu gewohnter Stunde, Nachbar Yang über die Mauer, und Lao Wu dachte, »Yang als Nachbarn zu haben ist doch nicht schlecht.« Dessen Bewegungen, der Gang, die Art zu sprechen, ja, sein ganzes Wesen hatten wirklich gar nichts mehr von einem Messerdieb. Glück oder Unglück hängen nur davon ab, wie du sie siehst – *wan fa wei hsing – zehntausend Wege weist des Menschen Herz!*

Pflaumenblüten fallen

Du tapferste aller Blüten,
unbarmherzig ist der Schnee
und sein Bruder, der Sturm.
Neigt der Tag sich dem Abend zu,
bist du bereit zu gehen,
den Dingen ihren Lauf zu lassen.
Beschämt nur könntest du den Frühling um Erbarmen bitten.
Halbtrunken breche ich winzige Zweige der welkenden Pflaume.
Was kümmern mich Pfirsichblüten und Kirschen?
Wenn der Boden bedeckt ist von Eis und Schnee,
bringt nur eine uns den Frühling zurück.

Lu You (1125-1210)

Mehr als 9.000 Gedichte sind von ihm erhalten. Lu You ist bekannt als großer Patriot während der Zeit der Tatarenherrschaft im Norden.

Fischerlied

Am felsigen Ufer des Stromes,
lebt der alte Fischermann.
Die Angel in den Händen,
rudert er sorglos über den Fluss.

Möwen tüpfen das Wasser,
fliegen mit des Stromes Wellen.
Schilfrohr wiegt sich im Wind.
Kalt ist der Tag.
Der Alte singt sein Lied ins Abendrot.

Wellen werfen goldene Schatten,
er hebt den Blick und sieht,
wie der Mond über den Ostberg steigt.

Volkslied

Fischers Freuden

Sich hingebend schwelgerischen Freuden,
so lebt der Fischer.
Sein Mantel ist aus Schilfgeflecht,
mit dem Bambuskahn zieht er flussauf und -ab,
steht am Bug und wirft seine Angel.

Zappelnde Fischchen im Korb.
Wie ein fauchender Drache toben die Wellen.
Am Gestade verneigen sich die Weiden in tiefem Kotau.
Am Ufer steigt Rauch auf.

Von der Straße kommt ein Käufer her,
bringt Silber für den Abendwein
zum frischen, gebratenen Fisch.

Der Fischer ist trunken vom Wein,
im Schilf erklingt sein Abendlied:

Sanfter Mond,
sendest sachte deine Himmelsstrahlen,
hüllst mein Boot in deinen Silberschein.

Sich hingebend schwelgerischen Freuden –
so lebt der Fischer.

Volkslied

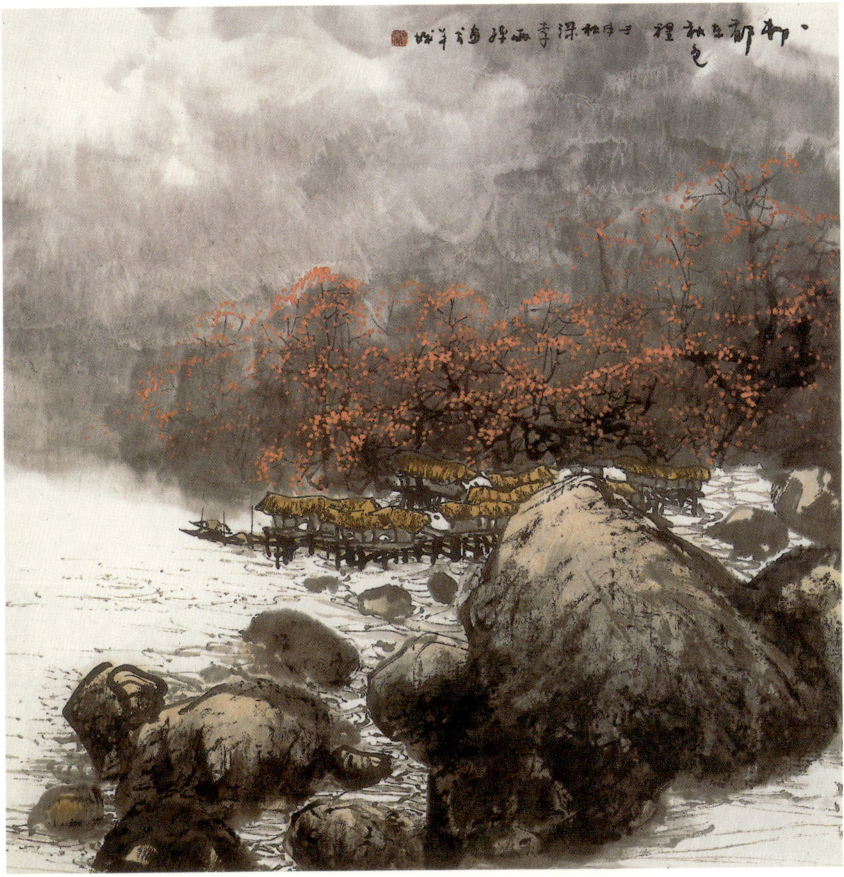

Inhalt

Orchidee

Pflaumenblüte

Bildnachweis

Theseus im Internet: http//www.Theseus-Verlag.de

Die Deutsche Bibliothek – CIP-Einheitsaufnahme
Steenberg, Carla:
Orchidee und Pflaumenblüte : chinesische Miniaturen / Carla Steenberg ;
Hu Hsiang-fan. [Ins Dt. übertr. von Carla Steenberg und Hu Hsiang-fan]. –
Berlin : Theseus Verl., 2001
ISBN 3-89620-166-2

Ins Deutsche übertragen von Carla Steenberg und Hu Hsiang-fan

Lektorat: Karlheinz Bernhard Grunwald

Umschlaggestaltung: Morian & Bayer-Eynck, Coesfeld, unter Verwendung eines Aquarells
von Li Xiao Shun, © Carla Steenberg, Hu Hsiang-fan
Gestaltung und Satz: AS Satz & Grafik, Berlin
Druck: Jütte Druck, Leipzig

Printed in Germany

ISBN 3-89620-166-2

Gedruckt auf alterungsbeständigem Papier mit chlorfrei gebleichtem Zellstoff